PAPER SOLDIERS OF FRENCH SECOND EMPIRE

JEAN-BENOÎT PFEIFFER

SERIES EDITED BY

LUCA STEFANO CRISTINI

AUTHOR

Jean-Benoît PFEIFFER est né en 1965 en Alsace (France). Dès l'âge de 12 ans, il a commencé à collectionner et à peindre des soldats en plomb. Passionné par l'histoire de sa région, il s'est tout naturellement intéressé à l'une de ses formes d'art à savoir l'imagerie populaire et, plus particulièrement, les soldats en papier.
En effet, l'Alsace a été, depuis plus de 250 ans, un grand centre de production de soldats en papier et en carton : soldats imprimés, coloriés au pochoir ou peints à la main, leur diversité est infinie.
Malheureusement, depuis quelques dizaines d'années, cet art tend à disparaître et il ne subsiste plus que quelques créateurs et peintres de soldats en papier. Jean-Benoît essaye de faire revivre ces « Petits Soldats de Strasbourg » en exposant régulièrement ses créations (dans des Bourses de figurines ou dans des Musées comme le Musée des Jouets de COLMAR). Il travaille également à la demande pour des collectionneurs. Par ce livre, il espère faire connaître un peu mieux ce genre très particulier de soldats de papier et, surtout, de faire naître des vocations !

Jean-Benoît PFEIFFER è nato nel 1965 in Alsazia (Francia). All'età di 12 anni, inizia a collezionare e dipingere soldati di piombo. Appassionato di storia della sua regione, era naturalmente interessato a una delle sue forme d'arte, vale a dire le immagini popolari e, in particolare, i soldatini di carta.
In effetti, l'Alsazia è stata, per oltre 250 anni, un importante centro per la produzione di soldati in carta e cartone: soldati stampati, o dipinti a mano, la loro varietà è infinita. Sfortunatamente, negli ultimi decenni, questa arte ha teso a scomparire e solo pochi creatori e pittori di soldati di carta sono sopravvissuti. Jean-Benoît cerca di far rivivere questi "Piccoli Soldati di Strasburgo" esponendo regolarmente le sue creazioni. Lavora anche su richiesta per collezionisti. Con questo libro, spera di far conoscere questo tipo molto speciale di soldatino di carta e, soprattutto, di dare vita a vocazioni!

Jean-Benoît PFEIFFER was born in 1965 in Alsace (France). At the age of 12, he began collecting and painting lead soldiers. Passionate about the history of his region, he was quite naturally interested in one of his art forms, namely popular imagery and, more particularly, paper soldiers. In fact, Alsace has been, for more than 250 years, a major center for the production of soldiers in paper and cardboard: soldiers printed, stenciled or hand painted, their diversity is endless.
Unfortunately, for the past several decades, this art has tended to disappear and only a few creators and painters of paper soldiers have survived. Jean-Benoît tries to revive these "Little Soldiers of Strasbourg" by regularly exhibiting his creations (like the Museum of Toys of COLMAR). He also works on demand for collectors. By this book, he hopes to make known a little better this very particular kind of paper soldiers and, above all, to give birth to vocations!

PUBLISHING'S NOTE

None of **unpublished** images or text of our book may be reproduced in any format without the expressed written permission of Soldiershop.com when not indicate as marked with license creative commons 3.0 or 4.0. The publisher remains to disposition of the possible having right for all the doubtful sources images or not identifies. Our trademark: Soldiershop Publishing @, The names of our series: Soldiers&Weapons, Battlefield, War in colour, PaperSoldiers, Soldiershop e-book etc. are herein @ by Soldiershop.com.

PAPER SOLDIERS SERIES

La collana è dedicata alla storia e alla collezione de mitici soldatini di carta o ai soldatini da warfame. In ogni volume preziose raccolte di soldatini stampati il secolo scorso (e anche prima), provenienti dalle nostre collezioni, ma anche nuovi figurini realizzati con abile maestria dai nostri bravi autori. Sempre con l'intento di fornirvi illustrazioni di grande qualità.

RINGRAZIAMENTI E CREDITI FOTOGRAFICI - PHOTOGRAPHIC CREDITS:

Le tavole sono generalmente opera dell'autore o dell'illustratore indicato. La gran parte del resto dell'iconografia usata appartiene all'archivio dell'editore, foto scattate dall'autore, o materiale di amici collezionisti. L'Editore rimane in ogni caso a disposizione degli eventuali aventi diritto per tutte le fonti iconografiche dubbie o non identificate.

Title: **PAPER SOLDIERS OF FRENCH SECOND EMPIRE** - by Jean-Benoît Pfeiffer
Serie edit by Luca S. Cristini. First edition by Soldiershop. February 2020
Cover & Art Design: Luca S. Cristini. ISBN code: 978-88-93275477
Published by Luca Cristini Editore, via Orio 35/4- 24050 Zanica (BG) ITALY. www.soldiershop.com

PAPER SOLDIERS OF FRENCH SECOND EMPIRE

JEAN-BENOÎT PFEIFFER

SERIES EDITED BY

LUCA STEFANO CRISTINI

LES PETITS SOLDATS DE STRASBOURG

Si Strasbourg n'a pas le monopole des villes dans lesquelles les petits soldats en papier se sont développés, c'est dans la capitale alsacienne qu'ils ont connu leur apogée !

2 réalités historiques expliquent ce succès :

-   Strasbourg a constitué depuis le XVI siècle un haut lieu de l'imprimerie
-   La ville a, depuis sa réunion à la France en 1681, toujours été une ville de garnison propice au développement de l'imagerie militaire. Apparus à la fin du XVIII dans la capitale alsacienne sous forme de feuilles volantes issues de bois gravés, les Petits Soldats de Strasbourg n'ont cessé de prospérer sous de multiples formes : gravure sur bois ou cuivre, lithographie, impression de planches en couleur à grande diffusion (SILBERMANN, FISCHBACH ...), impression de planches à tirage limité voir unique destinées à des peintres ou collectionneurs (BOERSCH, SCHNEIDER ...). Ces dernières sont l'occasion pour les Petits Soldats de Strasbourg de connaître leur plus belle période : véritables chefs d'œuvre de minutie, peints à la main, ils trônent aujourd'hui dans quelques musées (Musée historique de la Ville de Strasbourg, Musée de l'Armée à PARIS, etc.)

Malheureusement, depuis quelques décennies, les Soldaten-Moler (peintre de petits soldats) se font de plus en plus rares ... Les peintres et collectionneurs de figurines se tournent plus volontiers de nos jours vers le plastique, le plomb ou l'étain.

L'auteur, par ce livre, souhaite rendre un hommage bien modeste aux grands peintres de figurines en papier et espère faire naître des vocations !

THE SMALL SOLDIERS OF STRASBOURG

If STRASBOURG does not have the monopoly of the cities in which the little paper soldiers have developed, it is in the Alsatian capital that they knew their peak! Two historical realities explain this success:

- Strasbourg has constituted since the XVI century a high place of printing.
- The city has, since its reunion with France in 1681, always been a garrison city favorable to the development of military imagery. Appearing at the end of the 18th century in the Alsatian capital in the form of loose leaves from engraved wood, the Little Soldiers of Strasbourg did not stop prospering in many forms: wood or copper engraving, lithography, printing of color plates in mass distribution (SILBERMANN, FISCHBACH, etc.), printing of limited-edition or even single-edition boards intended for painters or collectors (BOERSCH, SCHNEIDER, etc.). These are the opportunity for the Little Soldiers of Strasbourg to know their most beautiful period: real masterpieces of meticulousness, painted by hand, they are enthroned today in some museums (Historical Museum of the City of Strasbourg, Museum of the Army in PARIS, etc.)

Unfortunately, for a few decades now, the Soldaten-Molers (painter of small

soldiers) have become increasingly rare... Painters and collectors of figurines are more willing today to look at plastic, lead or tin. The author, with this book, wishes to pay a very modest tribute to the great painters of paper figurines and hopes to give birth to vocations!

I PICCOLI SOLDATINI DI CARTA DI STRASBURGO

Se Strasburgo non ha il monopolio delle città in cui si sono sviluppati i soldatini di carta, è nella capitale alsaziana che hanno conosciuto il loro apice! Due realtà storiche spiegano questo successo:
- Strasburgo ha costituito sin dal XVI secolo un posto di rilievo per la stampa.
- La città, sin dalla sua riunione con la Francia nel 1681, è sempre stata una città di guarnigione favorevole allo sviluppo di immagini militari.
Apparse alla fine del 18° secolo nella capitale alsaziana sotto forma di fogli ricavati da stampi-matrici in legno inciso, i Soldatini di Strasburgo finirono col prosperare in molte forme: incisioni su legno o rame, litografia, stampa di tavole a colori e distribuiti in serie (Silbermann Fischbach, ecc.), stampa di fogli in edizione limitata o anche in tiratura singola destinate a pittori o collezionisti (Boersch, Schneider, ecc.). E' questo i periodo d'oro per i Piccoli Soldati di Strasburgo: veri e propri capolavori di meticolosità, dipinti a mano, che oggi fanno la loro bella figura in svariati musei (Museo Storico della Città di Strasburgo, Museo dell'esercito a Parigi, ecc.) Sfortunatamente, negli ultimi decenni, i Soldaten-Molers (pittore di soldatini) sono diventati sempre più rari ... I pittori e i collezionisti di figurini optano di preferenza per i modelli 3d in resina, piombo o stagni. L'autore, con questo libro, desidera rendere un modesto tributo ai grandi pittori di figurine di carta sperando di risvegliare l'interesse dei nostri lettori !

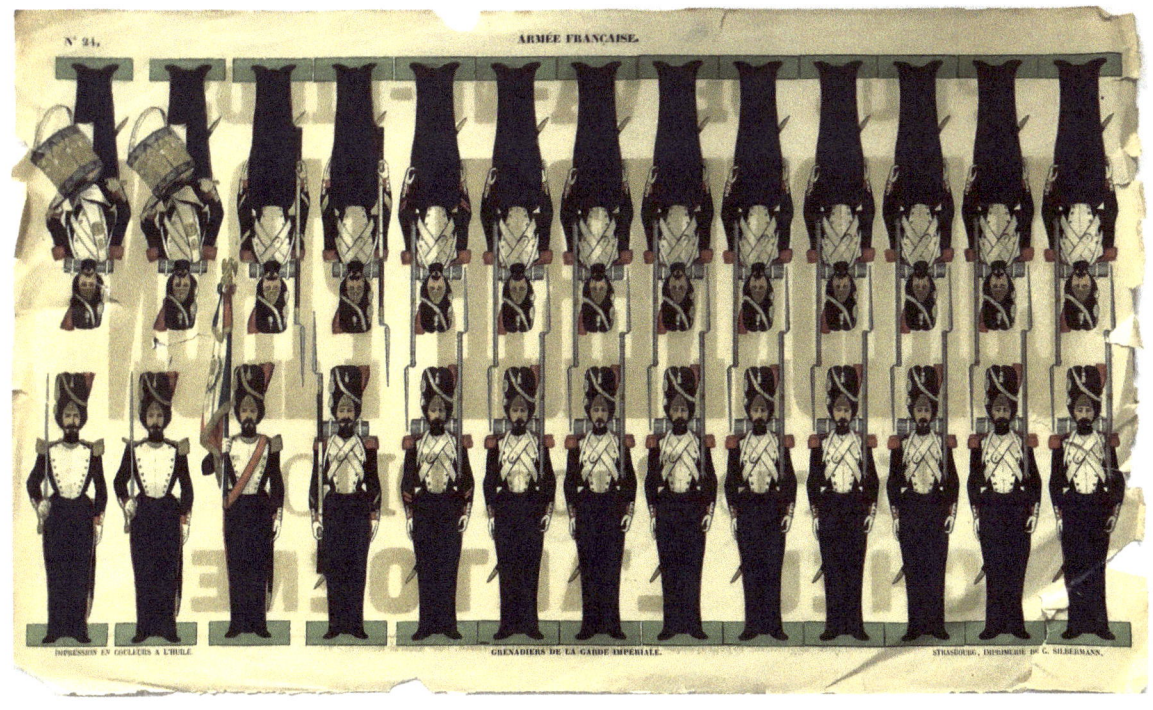

◄▲ In the image of this pages some samples of small Strasbourg's soldiers sheets. Top left a typical wooden mold used to obtain the sheets

▲ Examples created by an unknown artist. Models to which the style of Jean Pfeiffer was inspired.

THE PLATES
1854-1870

Strasbourg national Guard 1860
Garde Nationale de Strasbourg 1850

Voltigeurs and Engineers (left) of Imperial Guard 1854
Voltigeurs de la Garde Impériale (à gauche) Génie de la Garde Impériale (à droite) 1854

Gendarmerie of Imperial Guard 1854
Gendarmerie de la garde impériale 1854

Grenadiers of the Imperial Guard 1857
Grenadiers de la Garde impériale 1857

Voltigeurs of Imperial Guard 1857
Voltigeurs de la Garde Impériale 1857

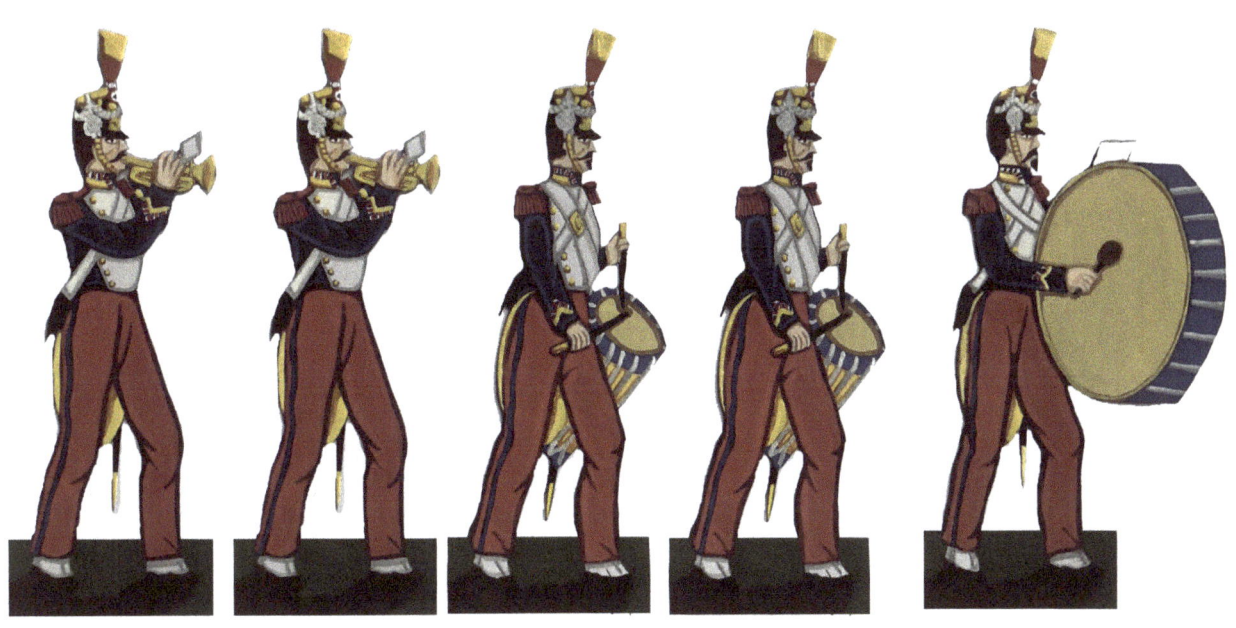

Voltigeurs of Imperial Guard 1857
Voltigeurs de la Garde Impériale 1857

Dragoons of line cavalry 1854
Dragons cavalerie de Ligne 1854

Cent Gardes 1854
Cent Gardes 1854

Chasseurs d'Afrique 1855
Chasseurs d'Afrique 1855

Guides of Imperial Guard 1855
Guides de la Garde Impériale 1855

Strasbourg national Guard 1848 (left & right) and Infantry officer 1860
Garde nationale de Strasbourg 1848 et Officier d'infanterie (au centre) 1860

Grenadiers of Imperial Guard 1854
Grenadiers de la Garde Impériale 1860

Voltigeurs of the Imperial Guard 1860
Voltigeurs de la Garde Impériale 1860

Zouaves of Line regiment 1860
Zouaves de l'infanterie de la ligne 1860

Zouaves: Drum, officer and standard bearer 1860
Zouaves tambour officier et vivandiere 1860

Drum majors 1860
Tambour majors 1860

Algerian Tireilleurs 1860
Tirailleurs algériens 1860

Chasseurs of Line regiment 1861
Chasseurs à pied de la ligne 1861

Mountain artillery 1860
Artillerie de montagne 1860

Mountain artillery 1860
Artillerie de montagne 1860

Artillerie de la Garde Impériale 1860 - Garde Imperiale artillery 1860
Artillerie 1860 - artillery 1860

Artillerie de la Garde Impériale 1860 - Garde Imperiale artillery 1860
Artillerie 1860 - artillery 1860

Cantinières of Second Empire 1865
Cantinières Second Empire 1865

Cantinières of Second Empire 1865
Cantinières Second Empire 1865

Hussars and Lancers of the Imperial Guard 1860
Hussards et Lanciers de la Garde Impériale 1860

Chasseurs of the Imperial Guard 1860
Chasseurs de la Garde Impériale 1860

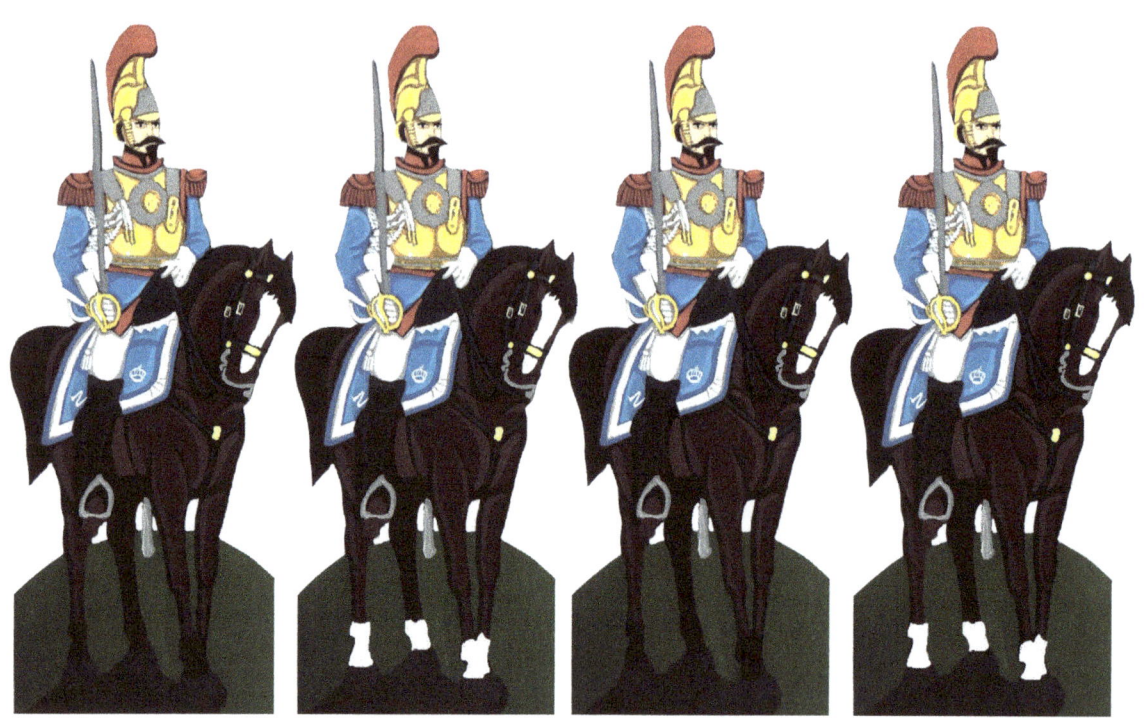

Carabineers of the Imperial Guard 1860
Carabiniers de la Garde Impériale 1860

Gendarmes and Train crew of the Imperial Guard 1860
Gendarmerie de la Garde Impériale 1860 (à droit) et Train des équipages de la Garde Impériale 1860

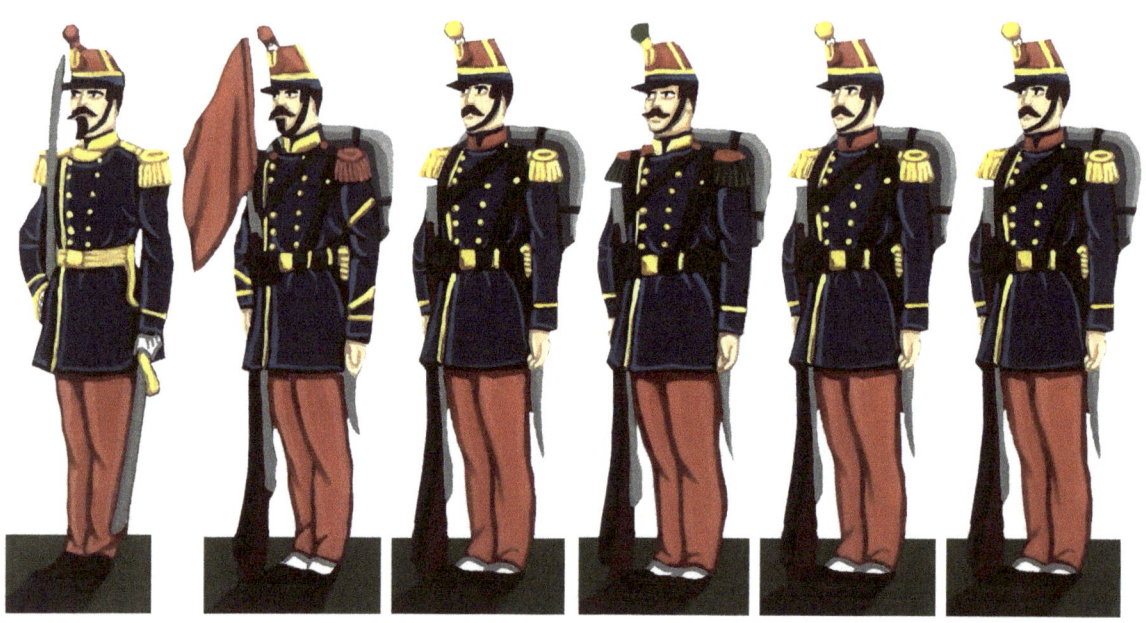

Dragons de l'Impératrice lancier et artillerie à cheval de la Garde Impériale 1860
Infanterie - Infantry 1867

Empress dragoons, lancier and horse artillery of the Imperial Guard 1860
Infanterie - Infantry 1867

Line infantry 1867
Infanterie de ligne 1867

Line infantry 1867
Infanterie de ligne 1867

National Mobile Guard 1868
Garde Nationale Mobile 1868

Legion of West volunteers 1870
Légion des Volontaires de l'Ouest 1870

Pompiers 1870
Zouaves 1870

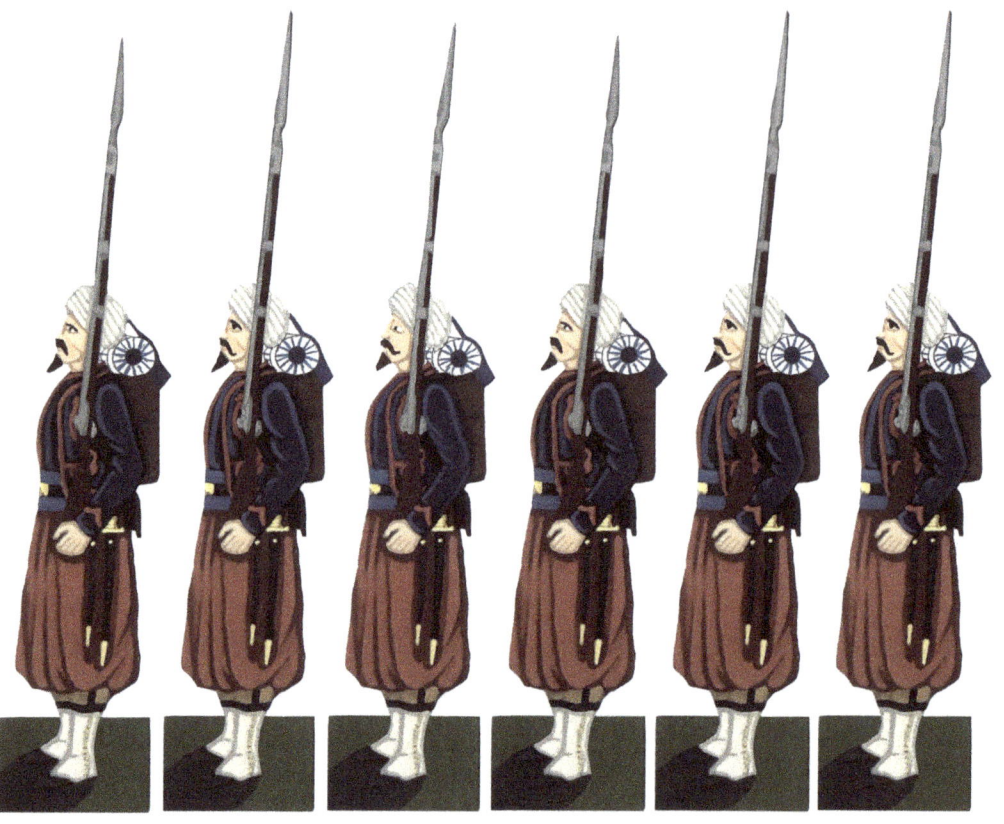

Pompiers 1870
Zouaves 1870

Garibaldi's volunteers 1870
Volunteers of Strasbourg siege 1870

Volontaires garibaldiens 1870
Volontaires durant le siège de Strasbourg 1870

Francs-Tireurs 1870-1871
Marins - Sailors 1870

Francs-Tireurs 1870-1871
Marins - Sailors 1870

Charge de cuirassiers 1870 - Cuirassiers charge 1870
Spahis 1870

Charge de cuirassiers 1870 - Cuirassiers charge 1870
Volunteer paramedics 1870 - Ambulanciers volontaires 1870

www.ingramcontent.com/pod-product-compliance
Lightning Source LLC
LaVergne TN
LVHW070529070526
838199LV00073B/6732